L'ABEILLE

Texte : Michel Quintin

Illustrations : Philippe Dequesne

ÉDITIONS
MICHEL
QUINTIN

ZZZZ... Qui est-ce? Elle a six pattes et quatre ailes.
Elle vit en colonie, entourée de ses semblables,
Et transforme le nectar des fleurs en bon miel.
Oui! c'est l'abeille, cet insecte très sociable.

Si les abeilles sauvages vivent au creux d'un arbre,
Les abeilles domestiques, elles, vivent chez l'apiculteur.
Leur ruche, faite de bois, est très confortable
Et généralement située près d'un champ rempli de fleurs.

De toute la colonie, seule la reine peut avoir des petits.
Elle peut pondre plus de mille œufs en un seul jour.
Et puisqu'elle ne fait que ça durant toute sa vie,
Ce sont des millions d'abeilles qui naîtront à leur tour.

Il n'y a qu'une seule reine dans chaque colonie.
À peine quelques centaines de mâles en font partie,
Mais on compte plus de cinquante mille femelles ouvrières
Et la reine de toutes ces abeilles est aussi leur mère.

Ce sont les femelles ouvrières qui, sans relâche, vont travailler.
Au cours de leur vie, elles exerceront successivement cinq métiers :
Ménagères, nourrices, maçonnes, sentinelles, et butineuses en derni

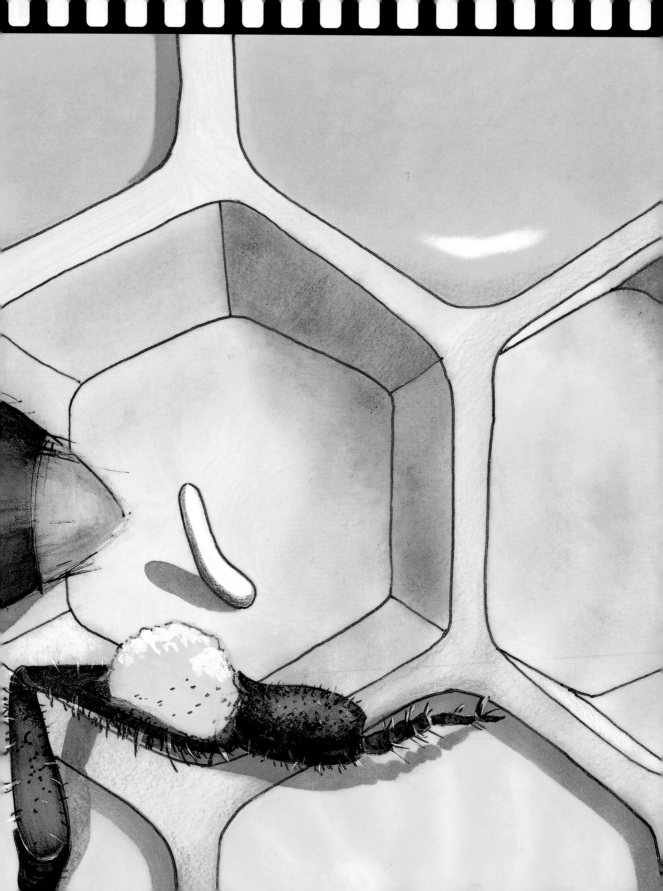

Les maçonnes fabriquent de la cire à partir de glandes spéciales.
Avec cette cire, elles construisent des petites chambres à six côtés.
Et c'est dans ces milliers d'alvéoles hexagonales
Qu'un jour, des œufs, du pollen et du miel seront déposés.

Chaque colonie d'abeilles possède une odeur bien particulière.
Les sentinelles peuvent ainsi détecter toute présence étrangère.
Et si elles doivent parfois chasser l'ennemi et l'attaquer,
C'est au risque de leur vie, car elles meurent après avoir piqué.

Les mâles ne travaillent pas et se font même nourrir.
On les appelle faux bourdons et n'ont qu'une fonction à remplir :
Attendre le vol nuptial de la reine pour la féconder,
Mais après l'accouplement, ils meurent sans plus tarder.

En recueillant le nectar et le pollen que les fleurs procurent,
L'abeille butineuse apporte à la colonie sa nourriture
Et contribue à la fécondation des fleurs dans la nature.

Pour s'orienter quand elles se déplacent, les abeilles
Se servent du soleil comme nous d'une boussole.
Et pour communiquer des informations entre elles,
Elles exécutent des danses en guise de paroles.

Les abeilles ne vivent que quelques mois seulement,
Sauf la reine qui peut vivre jusqu'à cinq ans.

Dans la même collection :

Le béluga
Le castor
La coccinelle
L'escargot
Le gorille de montagne
Le harfang des neiges
Le loup
Le maringouin
La mouffette
L'ours blanc
La pieuvre
Le porc-épic
Le pou
Le raton laveur
Le ver de terre

Données de catalogage avant publication (Canada)

Desquesne, Philippe, 1954-

L'abeille

(Ciné-faune)

Pour enfants de 3 à 8 ans.

ISBN   2-89435-141-0 (rel.)

1. Abeille - Ouvrages pour la jeunesse. I. Quintin, Michel, 1953-
II. Titre.   III. Collection.

QL565.2.D46 2000   j595.79'9   C00-940930-0

La publication de cet ouvrage a été réalisée grâce au soutien financier de la
SODEC et du Conseil des Arts du Canada. De plus, les Éditions Michel Quintin
bénéficient de l'aide financière du gouvernement du Canada par l'entremise
du Programme d'aide au développement de l'industrie de l'édition (PADIÉ)
pour leurs activités d'édition.

Révision linguistique : Maurice Poirier

Dépôt légal - Bibliothèque nationale du Québec, 2000

©2000 Éditions Michel Quintin
C.P. 340, Waterloo (Québec)
Canada   J0E 2N0
Tél. : (450) 539-3774
Téléc. : (450) 539-4905
Courriel : mquintin@sympatico.ca

Imprimé à Hong Kong
ISBN 2-89435-141-0   (relié)   10 9 8 7 6 5 4 3 2 1